지은이 나카가키 유타카

일본 기타큐슈시에서 태어나 도쿄도 마치다시에 살고 있습니다. 2005년부터 일러스트레이터로 활동하기
시작해 많은 그림책을 펴냈습니다. 책마다 세밀하게 설계한 세계관을 보여 주는 작가로 유명합니다.
작가의 톡톡 튀는 아이디어와 책을 가득 채우는 캐릭터들은 아이들의 상상력을 무한대로 키워 줍니다.
작가의 책 중《눈사람을 옮기자!》와《UFO를 만들자!》《충치 도시》는 국내에 소개되어 많은 사랑을 받고 있습니다.

옮긴이 손진우

일본 오사카에서 공부했습니다. 지금은 예쁜 아내, 말썽꾸러기 강아지 그래와 함께 살며 곧 태어날 별이를 기다리고 있습니다.
옮긴 책으로는《지진이 일어나면》《눈사람을 옮기자!》《UFO를 만들자!》《충치 도시》가 있습니다.

이건 무슨 줄이지?

1판 1쇄 발행 2023년 5월 25일 **글·그림** 나카가키 유타카 **옮긴이** 손진우 **펴낸곳** (주)중앙출판사 **펴낸이** 이상호 **책임편집** 한라경 **디자인** 이든디자인
주소 경기도 고양시 일산동구 고봉로 32-9 625호 **전화** 031-816-5887 **팩스** 031-624-4085 **등록** 제406-2012-000034호(2011.7.12.)
홈페이지 www.bookscent.co.kr **이메일** master@bookscent.co.kr **ISBN** 979-11-92925-02-8 77830 978-89-97357-63-5 (세트)

Gyôretsu Copyright © 2013 by Yutaka Nakagaki First published in Japan in 2013 by KAISEI-SHA Publishing Co., Ltd., Tokyo
Korean translation rights arranged with KAISEI-SHA Publishing Co., Ltd. through Japan Foreign-Rights Centre/Shinwon Agency Co.
*본 책은 저작권법에 의해 보호를 받는 저작물이므로 무단 전재와 복제를 금합니다. *KC마크는 이 제품이 공통안전기준에 적합하였음을 의미합니다.

책내음 은 (주)중앙출판사의 유아·아동 브랜드입니다.

이건 무슨 줄이지?

나카가키 유타카 지음 | 손진우 옮김

책내음

줄은 산까지 이어져 있어.

사막도 보이기 시작했지.

점점 뜨거워지는 거 같지?

하늘에도 줄을 서 있네?

팔씨름 세계 1위 결정전에